문학사랑시인선 48

바람, 만지작거리다

임강빈 시집

오늘의문학사

국립중앙도서관 출판시도서목록(CIP)

바람, 만지작거리다 : 임강빈 시집 / 지은이: 임강빈. -- 대전 : 오늘의문학사, 2016
　　　p. ;　 cm. -- (문학사랑 시인선 ; 48)

"又峰 임강빈 시인 연보" 수록
대전문화재단 한국문화예술위원회에서 사업비 일부를 지원받았음
ISBN 978-89-5669-749-9 03810 : ₩12000

한국 현대시[韓國現代詩]

811.62-KDC6
895.714-DDC23　　　　　　　　　CIP2016011517

바람, 만지작거리다

‖ 시인의 말 ‖

앞으로 시가 몇 편 나올지 모르지만, 그러나 시집은 이번이 마지막일 것이다.
  문단에 몸을 담근 지 회갑의 나이가 되었지만 널리 회자되는 시, 번번한 애송시 하나 없다. 허무하다는 말은 바로 이런 때 쓰는 것이리라.

누구를 탓하랴,
자업자득이다.

2016. 5
대전 구봉산 아래
又峰 임강빈

차례

시인의 말 ──────── 5

제1부
햇살 ──────── 13
소동 ──────── 14
빠져 나간다 ──────── 15
엉덩방아 ──────── 16
풍경 ──────── 18
눈빛 ──────── 19
스마트폰 ──────── 20
근황(近況) 1 ──────── 21
만일에 ──────── 22
날짜 ──────── 24
문패 ──────── 25
이층 다방 ──────── 26
은수저 ──────── 28
이 순간 ──────── 30
냄새 ──────── 31
풍랑 ──────── 32
자투리 ──────── 33
모일(某日) ──────── 34
마지막 ──────── 35
작별 ──────── 36
일의대수(一衣帶水) ──────── 38
스크랩 ──────── 39

제2부

그냥	43
바람 송(頌)	44
꽃비	45
고속도로를 달리며	46
인연	48
군중	50
나의 시	51
어느 장례식	52
근황(近況) 2	53
함구령(緘口令)	54
호서문학	56
봄	58
딸꾹질	59
칩거(蟄居)	60
호시절	62
구닥다리	63
그림자	64
조금 남아 있다	65
참, 간단했습니다	66
자작나무	68
개구리 울음	69

제3부

빗방울 —————————————— 73
어금니 —————————————— 74
세대 차(差) ————————————— 75
소통 ——————————————— 76
애지중지 ————————————— 77
떠나려 한다 ———————————— 78
송고(送稿) ————————————— 79
원근법(遠近法) ——————————— 80
보름달 —————————————— 81
약(藥) ——————————————— 82
연분홍 —————————————— 83
소모품 —————————————— 84
세수(歲首) ————————————— 86
막막하다 ————————————— 87
절필 ——————————————— 88
신록 ——————————————— 89
미안합니다 ———————————— 90
잠자는 얼굴 ———————————— 91
소심한 사람 ———————————— 92
문병 ——————————————— 93

제4부

낙서	97
함박눈이 내린다	98
깡충깡충	100
난(蘭)	102
길	103
여기까지입니다	104
눈치	105
조금	106
부끄러움	107
나뭇잎 하나	108
부럽다	109
안개꽃	110
나의 전성시대	111
파격(破格)	112
지복(至福)	113
큰일	114
은행나무와 노인	115
일일삼추(一日三秋)	116
정적	117
자위	118
억새에게	119
적막강산	120

■ **작품해설** ‖ 리헌석
허정의 경지를 지향하는 '비우고자 함' —— 121
　■ **又峰 임강빈 시인 연보** —————— 139

제1부

햇살

추위를 타는 편이다
염천炎天에도 그늘에 오래 있으면
으스스 한기를 느낀다
햇살이 그립다

한동안 병원에 있다가
집에 돌아왔다
왠지 서먹서먹하다

우리 집 베란다에
아침 햇살이 가득 넘친다
서둘러야지
나무의자에 앉아
일광욕日光浴 한다

쏴― 쏴―
앙금을 털어낸다
아픔을 씻어낸다

아, 눈부신 햇살

소동

그만 했으면 하지만
늘어나는 것이 병원 약이다

오래 전부터 친한 친구가 되었다
한 움큼 털어 넣다가
심술이 나서 도망칠 때가 있다

대굴대굴 어디로 굴러갔나

소파 밑인가
숨을 만한 구석을 뒤진다

꼭꼭 숨어라
머리카락 보인다

가끔 벌어지는
우리 집 소동이다

빠져 나간다

단추가 빠져 나간다
나사가 빠져 나간다
머리카락이 빠져 나간다
이빨이 빠져 나간다
사람이 빠져 나간다
이 모든 것이 눈 깜짝할 사이 생긴 일
빠져 나간 자리는 크다
공허할 것 같은데
그렇지가 않다
익숙한 일상 탓이리라

엉덩방아

한밤중에 소피를 보려고 일어서다가
엉덩방아를 찧었다
척추에 이상이 생겼다 한다
시술을 받았다

재활 중이다
허리가 중심이라는 것도 모르고 살았다
일어선다는 것
한 발자국 떼어 놓을 때까지의
그 두려움

수없이 엉덩방아를 찧고
넘어지고 하다가
혼자 설 수 있을 때의
박수소리

졸업한 지 까마득한데
늘그막에 재수再修한다
둔하고 게을러 진도가 더디다
입을 악물다

참고 견딘다

사람 구실 할 수 있을까?
글쎄!

풍경

핸드폰이 울린다
— 나, 윤이야. 미안해 문병도 못 가서
— 목소리가 왜 그래, 아주 딴판이군
— 감기 때문에 그럴거야
음성이 변해도 그럴 순 없다 싶다
며칠 후 그 윤이 세상을 떴다는 전언
아뿔싸
자신도 경각頃刻에 있으면서
남을 걱정하다니!

열흘 뒤 또 동창의 부음이 왔다

여덟 달 넘게
의식불명인 채 병상에 누워 있는 친구도 있다

무엇이 그리 바쁜지
바쁘게 돌아간다
초겨울인데 창밖엔 함박눈이 쏟아지고 있다
사정없이 내린다
어수선한 풍경이다

눈빛

간밤은 칠흑이었다
우리가 잠자고 있을 때
눈이 내린 모양이다
하얗게 변했다
세상이 교교皎皎하다

창문을 열었다
새벽 공기가 차갑지 않다
베란다 아래
연두, 빨강, 갈색, 파랑 슬래브집 지붕이
일색이다

지붕마다 정지된 채로 조용하다
갑자기 적막감이 몰려온다
아, 나 떠나는 날
이처럼
하얀 눈빛이면 한다

스마트폰

모르는 것 없다는데
스마트폰은 만능이라는데
할아버지 어렸을 때
두 일화도 찍힐까

젓가락질 못하면 장가 못 간다
장가가 무엇하는 건지 몰라도
못 간다는 바람에
어두운 골방에서
젓가락 연습하느라 애먹었다

외출했다 돌아온 삼촌들
대화 속에
구두口頭 시험이 더 어려웠단다
나는 얼른 밖으로 나와
뜰에 놓인 신발을 가지런히 했다
쳇, 하나도 어렵지 않다고 중얼거렸다

할아버지 바보
스마트폰 바보

근황近況 1

눈 뜨기가 무섭게 약부터 챙긴다
세상 돌아가는 이야기가 궁금해
TV를 틀고 빅뉴스를 대충 살핀다
조간신문에 나온 프로그램을 통해
대충 일과표를 짠다
스포츠 중계가 있는 날은 ✔표로 체크하고
한·일전은
새벽·심야를 가리지 않는다
TV가 없던 사람들은
무료를 어떻게 달랬을까
시간에 쫓길 걱정도 없다
거의 두문불출이다
친구들도 많이 빠져나갔다
전화도 없는 날은
그야말로 산속의 절간이다

만일에

만일에
말인데 말이야
저승에 가서 이쪽 소식을 물으면
무엇이라 답할까

건물이 높아졌다는 것
도시는 마천루摩天樓가 즐비하고
10층, 20층 아파트가 농촌에도 서고
초가지붕만 쳐다보던 망령들
십중팔구 고개가 아프고
어질어질 현기를 호소할 것이다

자동차가 많기로 미국을 부러워했지만
그 나라에 비견할 만큼
우리도 자동차 강국이다
수출국이 되었다
설이나 추석 귀향길
자동차 홍수가 장관을 이룬다

핸드폰이 나오고

곧이어 스마트폰이 출시되면서
걸어가는 백과사전이란 별명이 붙었고
속도도 상상을 초월할 만큼 빨라졌다
안방에서
전국은 물론 외국 누구와도 화상 통화를 할 수 있다

놀랍도록 변했다
그야말로
상전벽해桑田碧海지
정신 바짝 차려야한다

날짜

마을에서 지근한 거리
누울 자리 하나 장만했습니다

살아서 그래도 행복했고
저승에서도 그럴 것입니다

지상이나
땅 속이나 시간은 같습니다

흔적도 없이 없어질 일이지만
몇 점 남겨두었습니다

앞사람들과 잘 어울릴지 몰라
걱정은 됩니다

간다는 것은 확실합니다
아직 날짜가 잡히지 않았을 뿐입니다

문패

'문패도 번지수도 없는 주막에'를
신나게 불러댔다

젊어서 이사를 자주했다
주인집 문패 옆에
미안하다는 생각도 없이
내 것도 버젓이 걸었다

아버지는 집 대신
달랑 문패 하나 주셨다
친필로 쓰신 이름 석 자
자수성가하라는 바램이 있었다

모처럼 아파트로 입주
아라비아 숫자가 문패를 대신했다

이제는 필요 없게 된 문패
책장 깊숙이 꽂아두었다가
그립다 하면
그것을 꺼내 안았다

이층 다방

시장 변두리 이층 다방은
노인들의 단골
소외된 사람들의 집합소이다
커피 천원이면 오케이

거의 허드렛이고
잡담이 대부분이지만
묵은 이야기로 풍성하다
우국충정을 걱정하며
핏대를 올리는 논객도 있다
구석 한편에는
바둑 삼매경에 빠져 있기도 하다

북적거리다가
호수처럼 조용할 때가 있다
그 틈을 타 나를 되돌아본다
시를 버릴까 했는데
아직 절필하지 않고 있다
참, 잘 했다 싶다

커피 한 잔
일금 천원 내고
하루 노추老醜를 달랬다

은수저

아내가 시집 올 때
가져 온 은수저로
밥을 먹습니다

아내의 수저는 꽃무늬가 박혀 있어
구별하기 쉽습니다

이것저것
음식을 나르느라
노고가 얼마입니까

지난 세월
무심했습니다

까딱하면 인사를
놓칠 뻔 했습니다

아내도
수긍하는 눈치입니다

고맙다
은수저야

이 순간

누가
누가 먼저 입을 다물까

누가
누가 먼저 눈을 감을까

이 순간
심장은 얼마나 뛸까

냄새

은행 창구 앞엔
유니폼을 입은 여직원이
지폐를 세고 있습니다
그 속도가 놀랍습니다

지폐 냄새가 역겨워
도망치듯 은행을 나왔다는
박용래朴龍來
아직도 맑은 시를 쓰고 있습니다

돈은 돌고 돈다고 합니다
돈의 흐름을 잘 아실
퇴계, 율곡, 세종대왕, 신사임당
나라경제가 어떻습니까
팍팍합니까

답답한 날 지폐 세는 것으로
망중한忙中閑을 달랩니다
여러 번 이 짓을 반복합니다
지폐 냄새가 납니다
복잡한 사람 냄새가 납니다

풍랑

비가 잦은 나라
일본인이
이 땅에 이주하면서
청명한 하늘을 보고
'닛뽕바래'*라고 감탄했다

홀연히 서쪽으로부터
날고 있는 물체가 있었다
귀로만 알고 있던
B29 폭격기
멀리 비행운이 그림 같았다

패망 후 잠잠했던 일본
동해를 일본해라 우겨대더니
기어코
독도마저
자기네 땅이라 풍랑질하고 있다

* 닛뽕바래 : 日本晴(バレ). 쾌청한 우리 하늘을 이렇게 불렀다.

자투리

가위질한다
자투리로 남은 시간
버릴까 말까
도로 주워 담았다

철철 넘쳤다
흘려버렸다
많은 것 허송하고
자투리에 매달린다

점점 멀어진다
점점 가까워진다
무엇이 되어
우리는 어디서 만날까

모일某日

하늘에 떠 있던 해가
서쪽으로 기울다가
어느 시간에 와서는
꼼짝 않을 때가 있다
큰 바위처럼 부동이다

밀어도 밀어도 움직이지 않는다
소진해서일까
더 머물고 싶어서일까
푸른 하늘에
흰 구름은 떠 있고
이렇게 멍이 든 날이 있다

지겨운 하루가 있었다

마지막

살아가는 동안에
우리는 마지막이란 말을 즐겨 쓴다

마지막은 끝이다
소중하다

그 소중한 것을
너무 헤프게 쓰고 있다

마지막 기회
마지막 약속
마지막 이별

이 소중한 마지막이
난무하고 있다

바람 되어 사라지는 날
나의 마지막은 언제일까

작별

떠나야지
혼자 떠나야지

산천초목
그대로 두고 떠나야지

봄, 여름, 가을
꽃은 아름다웠다

겨울의 적막도 눈꽃도
매혹적이었다

질풍 같은 시간
이제야 실감난다

사는 동안
고마웠노라 인사를 하자

떠나야지
가볍게 떠나야지

그래도 눈물이 난다
눈물 난다

일의대수 一衣帶水

우리나라와 일본은
일의대수一衣帶水의 거리
두 나라는
가까우면서도 먼 나라

독도의 풍랑이 거세다
아베 총리는
자기네 땅이라고 서슴지 않고
입을 나불거리고 있다

그들의 간교가 눈에 선하다
가증스럽다

스크랩

책이 귀하던 시절
신문에 연재된 소설을 오려
스크랩해서
서로 다투어 읽던 때가 있었다

필요하다 싶어서
후에 도움에 될까 해서
이곳저곳 가위질을 했다
놀랍게도 그것이 전부였다

서랍엔 신문 조각이 산재해 있다
아직도 잠자고 있다
무엇을 위한
정성이었나 싶을 정도다

내가 밉다

제2부

그냥

모처럼
전화가 왔다

어떻게 지내느냐고
안부 전화다

반갑다
응, 그냥 잘 지낸다

며칠 후 이쪽에서 걸었다
건강은 어떠냐

뭐, 그냥 그래
왠지 퉁명스럽다

꿈이 없는 사람
무료한 사람

노인들은
그냥으로 통한다

바람 송頌

바람은 자리가 따로 없습니다
궁둥이 붙일 틈을 주지 않습니다

꽃 이파리가 흔들릴 때
나뭇가지가 움직일 때
깃발이 펄럭일 때
바람을 만날 수 있습니다

바람은 언제나 바쁩니다
한곳에 머물지 않고
변화무쌍합니다
그 힘이 바람입니다

바람은 소리가 있습니다
살아 있다는 증표입니다

꽃비

동학사 가는 길에
꽃비를 만났다

구름처럼 모여들어
벚꽃이 화사하더니

나흘도 못 되어
이렇게 요란하다

준비가 안 되었는데
바람이 분다

바람이 세차다
꽃잎이 억수로 날린다

조금 먼저 가는 것뿐인데
사람들은 감탄사를 연발하고 있다

고속도로를 달리며

고속도로를 달리다 보면
멀리 능선이 보이고
논밭이 펼쳐지고
조용한 마을
한 폭 그림을 만나게 된다

그러다가 멈칫 놀라기도 한다
무덤들이 많이 내려온 것을

마을 가까이
산자락으로 옮겼을까
명당을 버리고
유택을 두고
왜 하필 하산했을까

답답했다
너무 멀다

실리를 택했다
양지바른 금잔디

봉분이 획획 지나간다
자줏빛 할미꽃
벌써 피었을 것이다

인연
— 홍희표 시인

판서하고 있었다
분필로
또박또박 눌러 썼다

훌쩍거리거나
기침 소리 하나 없이
학생들은 베끼고 있었다

그 순간 나는 창가에 가서
먼 곳을 응시하고 있었다
팽팽한 하늘이 좋았다

— 멋지다
— 쓸쓸해 보인다
여기저기 수군거리는 소리

그 무렵
시 한 편을 내밀고는
도망치듯한 학생이 있었다

남의 것을 베낀 것임을 알았다
그런 일로
겨자씨만한 인연이 되었다

군중

고암 이응로 미술관에 들렀습니다
'군상' 앞에 섰습니다

군중이 우르르 몰려옵니다
웅성거립니다
고함이나 욕설이 보이지 않습니다
고독도 없습니다

손과 손이
높이 움직입니다
하늘을 향해
걸어가는
발자국 소리가 가볍습니다

참, 조용한 시위구나
별천지에 와 있습니다

나의 시

남이 쥔 떡이
커 보입니다

남의 시가
커 보입니다

남의 시가
예뻐 보입니다

나의 시는
크지도 예쁘지도 않습니다

다만
야코죽지는 않습니다

어느 장례식

신문에 대문짝만한 부고 광고가 실렸다
모퉁이에는 부의금, 조화는 사절합니다
돈이 없어서
돌아서는 경험은 별로일 것이다

장례식에도
온도의 차이가 다르다
진짜 부의금이 없는
정중히 사절하는 장례식이 있다
깊은 산속 같다

조화 하나 없는 장례식
조문객도 뜸하다
이것저것 모두가 썰렁하다
고되고 서럽던 한 평생
영정 사진 속
당신은 빙그레 웃고만 있다

*2014. 1. 15

근황近況 2

미지의 시인으로부터
시집을 받은 날은
덩달아 나도 흥분이 된다

작품 하나에 얼마나 전력투구했을까
대개의 경우
전화로 고맙다는 인사로 때우지만
요즘은 이 일마저 버겁다

보내온 주소를 오려서
그 시집의 뒷면에 붙여 놓는다
인연의 끈을 놓지 않기 위해서다
이렇게라도 해야
한결 마음이 후련하다

함구령緘口令

칼날 같은 바람이 부는 날
퇴근 후
직원과 함께 택시로 상가 가는 길이었다

발을 동동거리며
버스를 기다리는 사람들 가운데
앗, 아버지다
덜덜
떨고 계셨다

가난과 추위는 가깝다
빈한貧寒이란 말이 생겼다고 말씀하셨다
그 가난 때문에
사시나무 떨 듯 하고 계셨을까
안 볼 광경을 본 것이다

그날의 일을 고한다는 것이
차일피일 놓쳐버렸다
마침내 나는 나에게 함구령을 내렸다

무거운 짐은 가중되었다
함구령은 아직껏 유효하다

호서문학
— 이순(耳順)에게

호서문학이 고고성을 울릴 때
타블로이드판으로 찍을 때
오늘 같은 의젓한 잡지가 될 줄
아무도 몰랐다

약관弱冠에
어려움도 겪었고
더러는 흔들리기도 했지만
뚜벅뚜벅 걸어서 이순耳順이 되었다.

이순이면
남의 말에 거슬리지 않고
세상 이치에 통달한다고 한다
지금 60은 한창 움직일 나이
몸집도 불리고 속도 알찰 때

전통은 이어져야 한다
그러기 위해선
제일 좋은 작품만 골라서
친정집으로 보내는 일

그래서
고른 작품이 망라된
별처럼 빛나고
격조 높은
당당한 호서문학이 되는 일이다

봄

안개가 자욱합니다
우릉 우르릉 발동 소리가 들립니다
한참 있다가 사람 소리가 납니다
꽃들은
먼저 피려고 다툽니다
나무 이파리도
뒤질세라 서둘러댑니다

천지에
가득가득 봄이 밀려옵니다

딸국질

딸꾹
딸꾹질한다

저승길이 가까운데
그냥 가면 어떡하나
하던 차에
딱 걸렸다

알지 못하는 사이
딸꾹
더 반갑다

칩거蟄居

깊숙한 산이나
오지도 아닙니다
아파트 방 하나에서
칩거 중입니다

답답하지 않느냐고요?
이미 예약된 일이니
별 개의치 않습니다

벽 하나 두고
변기에 걸터 앉습니다
'로댕의 생각하는 사람'을
흉내 내보지만
산만할 뿐
생각이 하나로 모아지지 않습니다

술자리나 모임에도
사절입니다
은둔 따위는
애당초 생각한 적 없습니다

어디까지가
고독의 한계인지
그 고독을
사랑하고 싶습니다

호시절

까까중머리일 때
허연 허벅다리 훔쳐보려고
별러서 푼돈을 모아 뿌리면서도
성사가 될까 말까 했는데
지금은 어떤가

대로에 허벅다리가 쏟아지고 있다
백주에 범람하고 있다
어렵지 않게 감상할 수 있다
까놓고 구경할 수 있다

스커트가 잔뜩 짧아지고 있다
아찔아찔한 때가 있지만
남자들이여
그대들은 분명 호시절에 살고 있다
이것만은 확실하다

구닥다리

반가운 친구를 만나서
회식이라도 할 처지인데
수중이 무일푼일 때 당황하게 된다
카드를 내밀고 사인만 하면 간단히 끝나는데
그때처럼 간절할 때가 없다

몇 개의 카드를 지갑에 꽂고 다닌다고 한다
나는 유일한 게 교통 카드이다
구닥다리라고 얕잡아 본 것이
엊그제 같았는데
내가 그 구닥다리로 전락했다

편리한 것을 외면하고 있다고
고루하거나
케케묵은 구닥다리는 아니다
내가 살아가는 방편 중의 하나
스스로를 폄하하지 않는다

구닥다리여!
야코죽거나 슬퍼하지 마라

그림자

그림자가 있습니다
평생 따라다니는 그림자가 있습니다
궂은 날이나
청명한 날이나 항상 동행했습니다

험한 고개를 넘었습니다
시궁창에 빠지기도 했습니다
그러면서 반항이나
싫은 기색을 보인 적이 없습니다

이 땅에 오래 머문 것 같습니다
그림자도 끄덕 끄덕 수긍합니다
땅거미가 어둑어둑합니다
우리는 머지않아 떠나야 합니다

수고했어요
나의 그림자
이만한 충복은 없습니다

조금 남아 있다

머리카락이 빠져 나갑니다
이빨이 빠져 나갑니다
기억이 빠져 나갑니다
빠져 나간다는 것은 없음과 같습니다
나는
조금 남아 있을 뿐입니다

참, 간단했습니다
― 김정수 시인에 대한 조시

    환자의 독백이 문득문득 이어진다
    얼마나 지루하면 저럴까

    수족관 수초 사이로 유영遊泳하는
    느낌표(!)만한 구피
    그 자유로움을 서로 쳐다보다가
    오늘 문병도 싱겁게 끝났다
                   ― 졸시 「문병」

2주週에 한 번 꼴
그러다가 한 달에 한 번
차츰 뜸하다가
두 달에 한 번 꼴
문병에 횟수가 무슨 필요일까만
자연이 멀어졌습니다

텅 빈 방안에 두 사람의 시간은
넉넉했습니다
추억에 대하여
시에 대하여
인생에 대하여
순서도 없이

단편적인 이야기들이
나뒹굴었습니다

우리들 대화 중에
시를 써야겠다는 말은
별로 한 적이 없습니다
희한한 일입니다

쓰고 싶었을 것입니다
밍밍한 것, 식상한 것보다
파격적인 시를 쓰고 싶었을 것입니다
깨어있는 시인이고 싶어 했습니다

모든 것이 끝났습니다
간단합니다
칠십 평생 이것저것
복잡한 것 많았을 텐데
마지막은
참, 간단했습니다

자작나무

구舊 대전 MBC 자리에
무엇이 들어올까 했는데
아니나 다를까
고층 아파트 군群이었다

환경 조성 사업으로
주로 키가 큰 해송이 보통인데
이 단지는
유독 자작나무다

설악산 가는 길에
흘끗 만났던 자작나무
피부가 희어서
얼른 눈에 들어왔다

먼 숲을 떠나서
각종 차량의 소음 속에
추운 날 알몸으로 서 있다
청빈한 선비 같다

개구리 울음

한 놈의 선창에 따라
개굴개굴 울어대더니
리더의 지휘에 일제히 뚝 멈췄다
세상이 고요하다

그 개구리 울음을
이제는 여간해서 들을 수가 없다

동남아를 배낭여행으로 다녀온
아들이 선물이라고
목각개구리를 건넨다
검정개구리다

그 등뼈를 문지르면
개굴개굴
건강한 개구리 소리
나는 장난감으로 어린애가 된다

멀리 그리움이 밀려온다

제3부

빗방울

비가 지나간 뒤
빗방울이 모였습니다
빨랫줄 아래로 옹기종기
매달려 있습니다
순서는 없습니다
눈 깜빡할 사이
하나가 증발합니다
간단합니다
복잡할 것 같은데
참, 간단합니다
우르르 빗방울이 뒤따릅니다

어금니

아침밥을 먹다가 입안에서
이상이 느낌이 들었다
조심조심하던 어금니가 빠져나갔다
밖으로 휙 버릴까 하다가
멈추었다
팔십 평생
함께한 어금니
씹도록 도와준 어금니
함부로 버릴 수야 없잖은가
보물 다루듯 씻고 또 씻었다
확 모양이다
빈자리가 허망하다
슬슬 하나 둘 빠져 나가는구나
갑자기 슬픈 생각이 엄습한다

세대 차差

우리집에 감기가 왔다

아버지는
콧물이 떨어지려는 순간
티슈 한 장을 뽑아
얼른 훔친다
그것을 몇 번 얌전히 접는다
그리고 기다린다

아들 녀석은 좀 다르다
티슈를 뽑는데
휙 소리가 들릴 만큼 세다
아껴서 남 주나
흥하고 코를 풀며
대여섯 장을 연달아 버린다

우리집의 세대 차다

소통

하늘의 소리가
가까이 들리게
경청할 수 있게
하루에 한 번 청소를 한다
귀지를 후빈다

청명한 날
구름이 잔뜩 흐린 날도
뜨락으로 내려와서
하늘을 향해 귀를 세운다

보청기를 낀다
잡음만 윙윙거릴 뿐
소통은 아직 멀었다
하늘이여!
아직 까마득하다

애지중지

돈이 될 수 없는
명예일 수도 없는
시가 태어났을 때

기뻐서 소리 지를 뻔했다
애지중지
안주머니에 넣고 다니며
폈다 접다 해서
그 자리가 헐었지만
몇 억 보증수표보다 뿌듯하더라

배가 좀 고프면 어떠랴
이 세상 태어나서
백일이나 돌잔치 해준 일 없지만
쑥 자라주었다
아픔 반 눈물 반
혼자 만들어낸 나의 흔적
깊은 철야 속
반짝이는 별처럼
시는 살아 있더라

떠나려 한다

남들은 나이가 들수록
눈이 보이기 시작하고
귀가 트인다고 한다
얼마나 고마운 일인가

아둔해서 그런가
아직 나에겐
그런 기미가 없다
마냥 까맣다

한 가지 재주가 있다면
시 쓰는 일이었다
만지작거리다가
시 한 편이 됐다 싶을 때
그 순간의 희열

그런 날은
세상을 얻은 것 같았다
그 즐거움이 점점 멀어지고 있다
떠나려 한다

송고送稿

우편으로 원고 청탁이 왔다
가뭄 끝의 단비다
마감 날짜가 넉넉하다
활자화 된다는 설레임
그 마력

무엇으로 할까
이걸 보낼까
갑자기 부자가 된 기분
부러울 것이 없다

정중히 송고한다
등기로 보내는 건데 하는 아쉬움
무사히 도착했을까
기도하는 마음

이런 절차가 거의 없다
인터넷으로 주고받는다

원근법遠近法

멀어지면
가까워진다는 것
가까우면
멀어진다는 것
겨우 알게 되었다
나는 얼마나 무지한가?

보름달

보름달이 가까워지면
어머니 생각난다

장정 등에 업혀
상여 따라 간 산길

억새가
흔들렸다

만장처럼
흔들리고 있었다

사진 한 장 남기지 않은
어머니 생각 불현듯 난다

약藥

어릴 적에 금계랍 먹던 생각이 난다
진절머리를 쳤다

약과 친해진 것은
40대 후반

아침 식사 30분 후부터
연이어
레이스는 시작된다
한 움큼 손에 쥔 약을
식도에 털어 넣는다
경마처럼 달린다

약이여
생명이여
쓸쓸함이여
그리고 허무여

기도하는 마음으로 꿀꺽 삼킨다

연분홍

완만한 산입니다
봄이 와서
무명치마를 벗고
연분홍으로 갈아입습니다
삼삼오오 산에 오릅니다
아래로 내려갈수록
치마폭이 넓어집니다
바람이 휙 지나갑니다
속옷이 보일락말락 합니다
아차! 싶어
얼른 치맛자락을 움켜 여밉니다
느릿느릿한 행렬이
정상으로 이어집니다
만산이 연분홍빛입니다

소모품

내가 어릴 적
이사 간 집을 방문할 때
불꽃처럼 일어서라고
주로 성냥갑을 들고 갔다

세상이 바뀌어
풍습도 변했다
요즘은 화장실용 두루마리를 들고 간다

아파트로 입주했다
친지나 지인들로부터
화장지 선물을 받았다
평생 쓰고도 남을 만한 양이다

산처럼 쌓였던 화장지가
몇 개 남지 않았다는 아내의 말
허— 그 많던 것이?
우리가 너무 오래 살았다는 것 아닌가

있는 것은 없어지기 마련이다

소모품은 더욱 그렇다
예외가 없다

세수歲首

임진년 새 달력을 펼쳤다
그 안의 그림도 보며
연휴가 몇 번인가를 꼽다가
늘 놀고 있는 처지인데 하고
쓴웃음을 지었다

희망 사항인데
앞으로 1000일
이쪽저쪽에서 떠나게 된다
그 천 일을 무엇으로 채우나

금쪽같은 시간
서둘지 말고
모든 사물을
따스한 눈으로 보자

그러하다 보면
홀쩍 그날이 오지 않을까

막막하다

짧은 대화
짧은 통화
짧은 인사말
짧은 시
그런데
내 목숨은 길어졌다
얼마 전 세상을 떠난 친구
미안하다
늘어난 시간을 어떻게 채울까
막막하다

절필

떠들썩하게
절필을 선언한 사람이 있다

나이 팔십에
시가 점점 멀어진다
내심 버릴까

시가 전부는 아니다
견딜 수 있다

단풍이 곱다
산에는
경연대회가 한창이다

절필하라는 약속
조용히
유코할까

신록

꽃이 피었구나 했는데
어느새 신록이네
쏴— 하고 엄습하네
속전속결
눈이 부시네
한참을 응시해도
눈이 아프지 않아
살랑살랑 이 푸르름
답답하면
신록 앞에 서거라
멈추지 않는 유혹
깊숙이 파고드네

미안합니다

많이 다투었습니다
별것 아닌 것 갖고
여러 번 우려먹었습니다
이골이 나서 그런 건가요
못나서 그런 건가요
한참 뜸들이다가
후회합니다

그 깊은 뜻이 숨어있다는 것을
헤아리지 못해 죄송합니다
미안하다고 생각하니
공연히 슬퍼집니다

슬퍼지다가
언제 그런 듯 일상으로 돌아갑니다
그 일상이 두렵습니다
감당 못 할 아픔입니다

잠자는 얼굴

보고 싶어도
나는 잠자는 얼굴을 볼 수 없다
한 이불을 덮고 자는 집사람에게 묻는다
바보처럼 입을 벌리지 않던가
잠꼬대는 없던가
코는 곯지 않던가
다리를 포개고
구부정하게 자지는 않던가

불면증으로 고생 중인 집사람은
대개는 숨소리뿐
얄미울 만큼 잘 자더라고 한다

나는 한참 악몽에 시달리고 있을 텐데도
편안한 자세라고 한다
됐다
잠자는 예행연습은 끝났다
잠자는 내 얼굴을 들여다보는
집사람이 고맙다

소심한 사람

기념사진 찍자고 한다
서둘러
맨 뒷자리에 섰다
아, 편안하다

매서운 추위
삼삼오오 곁불로 모여들었다
움직이는 머리와 머리
그 사이로 손을 내민다

매사가 이렇다

아, 소심한 사람

문병

암으로 고생하는 시인을 찾아갔다
이것저것 추억은 아름답지만
진작 위로할 말은 찾지 못했다

억울하다, 빨리 승부가 났으면 좋겠다

환자의 독백이 문득문득 이어진다
얼마나 지루하면 저럴까

수족관 수초 사이로 유영遊泳하는
느낌표만한 구피
그 자유로움을 서로 쳐다보다가
오늘 문병도 싱겁게 끝났다

시간은 길다
운동시합에서 이기고 지는 일은
얼마든지 바뀌지만
진검승부는, 딱 한 번
그 승부가 쉬 끝날 것 같지 않다

제4부

낙서

젊었을 적 주점에 가면
벽면 한쪽을
낙서로 제공한 곳이 있었다
청춘을 구사한 문구
인생에 관한
촌철寸鐵 뺨치는 경구도 가득했다

주점은 지금도 찰랑일까
술잔 부딪치는 소리로 떠들썩할까
낙서는 건재한가
나는 낙서를 즐긴다
어느 때 어디서나 끼적거린다
순서가 없다

시와 낙서는 동급일 수 없다
어림없는 모욕이다
가끔은 까만 잔해 속에서
시적 기미를 만날 때가 있다
그럴 때 나는 서슴없이
고급낙서라고 격을 높여준다

함박눈이 내린다

술 생각이 날 때가 있다
독작獨酌이면 어떠랴

때마침
조용한
함박눈이 내린다

느릿느릿 눈의 속도에 맞추어
천천히 마신다
그래야 될 것 같다

하늘에서 하강하는 눈
거의 지상으로 왔는데
서둘 뭣이 있나

바쁜 인생인데
이럴 때가 있구나
이렇게 조용할 때가 있구나

눈이 내린다

조용한
함박눈이 내린다

깡충깡충

어린이 놀이터
나무벤치에 앉아 있노라니
참새 몇 마리 푸르르 날아와
함께 놀자 한다

너무 좋아서
깡충깡충 뛰며 기뻐하는 것을
작약雀躍이라 했던가

내 살면서
그런 적 있던가
뒤에 숨기를 좋아했고
늘 시무룩했다

아, 얼마 남지 않은 시간
딱 한번이라도
참새처럼 뛰고 싶어라

무진장한 시간
거의 소진해 놓고

이제 동동거린들
무슨 수로 이 기쁨 만날까

난 蘭

참, 무심했다
난 한 그루

두 촉이 쏙 올라와
꽃이 되었다

시선이
그 쪽으로 쏠린다

가까이 와서
맡으라 한다

길

내려갈 생각은 않고
산에 턱없이 올라갔다가
멀리 오솔길이 보인다
허리띠 같은 길이
구부린 채 누워있다

바람이 분다
행인은 보이지 않고
바람만 스칠 뿐이다
막막하다
누가 저 길로 갈까

누가 저 길로 왔을까
그 중의 한 사람이 나 아닌가
와서는 무엇을 했을 것이다
그 무엇이 분명하지 않다
길이여, 아득함이여!

여기까지입니다

넓은 야구장
구름처럼 모여든 관중
잇따라 터지는 환호
갑자기 웅성거린다
투수가 교체되는 모양이다
즉각 아나운서가 잇는다
―오늘은 여기까지입니다

그 뜨겁던 야구장
텅 빈 겨울이 오고
하얀 눈이 내리고 있다
그 날의 아나운서가 던진 말
―오늘은 여기까지입니다
뇌리를 강타하고 있다
어렴풋이 황혼행 푯말이 보인다
나의 한계는 어디까지일까

눈치

나는 눈치 하나로 살아왔습니다

바스락 소리에 촉각을 세웁니다
그 속마음을 훔쳐내야 합니다

살면서 눈치 볼 세상이 줄지 않습니다
숨이 턱턱 막힙니다

어느새
나는 눈치 빠른 유단자가 되었습니다

슬픈 노력 탓입니다

조금

그토록 아끼고
조심스럽던
앞니가 빠져나갔다
며칠 사이
연달아 자연사自然死다
수명을 다했다
앞서거니 뒤서거니
서글픈 풍경이
조금 남아 있구나

부끄러움

남들이 애송하는 시
한 편 없으면서
평생 시를 써왔다
부끄러울 때가 있다

―하늘엔 울타리가 없습니다
어느 신문 전면 광고
얼마나 멋진 문구인가

나는 하늘에
수많은 울타리를 쳐놓고
여태껏
주인 노릇을 한 적이 없다

애당초
버렸어야 하는 건데
미적미적하다가
어정쩡한 시인이 되었다

나뭇잎 하나

비 오는 날
천둥소리 비끼고
조용히
떨어지고 싶다

한 가지
바로 옆 잎에도
눈치 채지 않도록
살며시 가고 싶다

마지막
마지막이다 노래해 왔는데
진짜가 되어버렸다

땅에 떨어지기까지의
조급한 시간
바짝 마른 손으로
안녕!
안녕이라고 손을 흔들까

부럽다

부럽다
다들 열심인데
나만 손 놓고 있는 것 같다

부끄럽다
다들 참신한데
나만 한자리에 머물고 있는 것 같다

아무래도
이 게임은 밀리는 것 같다
그러기엔
지난 시간이 너무 아깝다

심심해 죽겠다
항복할 때까지
얼마를 쉬고 있어야
두 눈이 떠질까

안개꽃

작게
아주 작게
등을 달았습니다

남들은
안개꽃이라고 부릅니다

장미 한 송이
참,
어울립니다

아니,
아무 꽃이나
어울릴 수 있습니다

달빛 같은
당신
분위기가 살아납니다

나의 전성시대

방바닥에 배를 깔고
시를 쓰던 시절이 있었다

철이 없었다
하루에도 몇 편 시가 되었다
부나방같이 덤벼들었다

원고 청탁이 오면
부랴부랴 허둥댔다
시에 대한 경외심도 없었다

세월이 쏜살같다
나에겐 얼마 남지 않은 황금 시간

그 시간과 가까워지면서
모처럼
봇물 터지듯 시가 되었다

왔다
나의 전성시대가 왔다

파격 破格

나이 팔십을 넘긴 동창들이 모여
이 모임을 위해 도움을 준 친구에게
감사패를 주기로 했다
그 패의 문안이 내게 맡겨졌다

문득 파격이란 말이 떠올랐다
밋밋해서는 안 되고
그렇다고
주례사 같은 수사는 피하자

쉽게 풀릴 듯했는데
그게 아니었다
이왕의 격식을 깨뜨린다는 것
만만치 않다

넘친다고 빼면 성의가 없어 보이고
모자라다 싶어 이것저것 보태면
비위를 맞추는 것 같아
맹랑하다
호랑이 그린다는 것이 고양이가 되었다

지복至福
― 염소 할머니에게

손만 내미는 세상
낯 뜨거운 사람만 있는 줄 알았는데
적어서 창피하다고
쑥스러워한
염소 할머니가 있습니다.

서민에겐
1억원은 까마득한 돈입니다
염소 키우며 평생 모은 돈
몽땅 희사한
염소 할머니가 있습니다.

피붙이 하나 없이
살아온 시간이 야속했겠지만
가지고 갈 것도 아닌데
참, 잘 했습니다
홀가분한 것도 지복至福입니다.

큰일

할 일이 별로 없는 사람
너나 할 것 없이 큰 골칫덩이다

사는 날까지 멍하니
허공만 쳐다보기도 지겹다

베란다 구석에 시들어가는
누런 이파리와 마주쳤다

그 화분에 분풀이하듯
물을 듬뿍 주었다

그것뿐
오늘 하루 큰일 했다 싶다

은행나무와 노인

노란 은행나무에 이끌려
그 앞에 섰다

물끄러미 한참을 바라보다가
노인은 속삭였다
— 눈부신 청춘이구나
— 나도 한때는 있었다

청춘은 가는 것이 아니라
있는 것이다
힘껏 즐겨라

벌써 노란 잎새가
공중을 선회하고 있다

허리를 다시 펴며
노인은 무어라 말을 건넸으나
귀가 멀어 알아들을 수가 없다

일일삼추―日三秋

하루가
애타게 기다려진다는 뜻으로
일일삼추라 했다

옛 사람들은
편지에 이런 과장법을 즐겨 썼다

핸드폰이 등장하면서
요즘 사람들은
편지 쓰기를 기피하고 있다

우표를 붙이고
우체통까지 가야하는 번거로움

이 번거로움을
핸드폰이 대신한다
얼마나 편리한가

편리함만 추구하는
그래서
게으름쟁이만 양산하고 있다

정적

오래 비웠던 방 앞에서
톡톡 노크했다
인기척이 없다
안으로 들어갔다

네 평 남짓한 방
벽에 걸었던 옷이며
책상 위 펼쳐놓은 책
구석구석 그대로다

누구냐고 묻는다
하도 오래라
이 방문객을
모르는 모양이다

— 나, 이 집 주인이요
천년 같은
정적이 비로소 깨졌다

자위

남들이 나를
시인이라고 부르기 시작했다

자랑할 것 없이
팔푼이 시인으로 족했다

그런 나를 키운 것은
원고청탁이었다

멀리서 청탁이 왔다
아, 반갑다
실낱같은 고마움

그 원고청탁이 약속처럼 끊겼다
나는 늙었고
그럴 때가 되었다

억새에게

가을은 욕심이 없다
욕심을 멀리 한다
파란 하늘 아래
억새가 흔들린다
조금씩 쓸쓸해지고 싶다
하얗게 고개를 흔들면서

적막강산

나의 첫 시집 '당신의 손'에는
고독이나 슬픔이란 단어가 없다
유치하다는 생각에서
애초 버리기로 했다

나이 들면서
넘어지고 깨지고 하면서
이런 낱말이 고개를 들기 시작했다
과용할 만큼

마감 날이 가까이 왔다
고독이나 슬픔 같은
사치스러운 시어는 이제 버리자
그냥
적막강산寂寞江山이면 한다

□작품해설

허정의 경지를 지향하는 '비우고자 함'
― 임강빈 시인론

문학평론가 리 헌 석
(사) 문학사랑협의회 이사장

1. 허정의 경지에 대하여

1.1 문학작품에 드러난 한국인의 내면은 다양하다. 개인마다 성향이 다르고, 일인(一人)의 작품 경향도 시기별로 다르다. 동인(同人)의 동시기(同時期) 작품도 개별성을 갖는다. 그러나 한국의 전통 시관(詩觀) 중 비교적 가치 있는 관점 중 하나는 허정(虛靜)의 경지를 도(道)에 접근하는 것으로 보고 있다.

인간의 내적 원형질이 무엇을 '하고자 함'이나 무엇을 '이루고자 함'이라고 할 때, 무욕이나 허정의 세계는 도달할 수 없는 경지로도 보인다. 인간의 욕망은 결핍과 갈등의 근본적인 해소를 향하여 부단히 움직이고, 결핍과 갈등의 구조 속에 놓여 있는 세계를 자각함과 동시에 바람직한 세계로 곧장 나아가려는 상상적 언어의 지향[1]을 보이고 있

---

1) 김영석의 『道의 詩學』(경희대학교 박사학위논문)에서 인용.

어 어쩌면 불가능할지 모른다. 그러나 많은 작품에서 허정의 세계를 지향하고 있으며, 이러한 지향이 '보다 가치 있다'는 시관(詩觀)을 찾을 수 있는데, 이인로(李仁老)가 지은 파한집(破閑集)의 시화(詩話)2) 가 하나의 본보기라 할 것이다.

① 장사의 기개는 하늘 밖에서
　남몰래 솟는 칼이고
　영웅의 지모는 장막 안에서
　남몰래 운용되는 계략이다3)

② 좌중의 빙설 같은 모습들은
　삼신산의 나그네요
　저울대의 눈금 같은 이율도
　따지는 것이 만호후이다.4)

③ 날이 저무니 새소리는
　푸른 나무 숲에 숨고
　달이 밝으니 사람의 말소리가
　높은 누각에 오르더라5)

---

2) 파한집(破閑集) 3권 중에서 '중권'에 있는 시화(詩話)를 근거로 하고 있음
3) 壯氣暗生天外劍, 雄謀潛轉帳中籌의 국역, 李仲若의 한시 작품. 이상보 박사는 〈장한 기운은 하늘 바깥 칼에서 어슴푸레히 생기고/ 웅대한 지모는 장막 속 숫가지에서 가만히 구르도다〉로 번역.
4) 座中氷雪三山客, 秤上緇銖萬戶侯의 국역, 郭輿의 한시 작품. 이상보 박사는 〈좌중이 빙설처럼 깨끗하니 삼신산의 손님이요/ 저울대 위에 저울눈은 만호후를 달도다〉로 번역.
5) 日暮鳥聲藏碧樹, 月明人語上高樓의 국역, 金黃元의 한시 작품. 이상보 박사는 〈날이 저무니 새소리 푸른 나무에 숨고/ 달이 밝으니 사람의 말소리 고루에 오르도다〉로 번역.

이 세 편의 작품은 모두 같은 누각에서, 같은 경치를 완상하던 세 친구가 분출하는 흥을 이기지 못하여 읊은 즉흥시이다. 그러나 시적 지향은 각자 다르니, ①은 장사와 영웅의 의기를 자신에 빗대어 노래한 것이고, ②는 신선과 속인의 대조를 노래하여 자신을 미화한 것이며, ③은 자연을 조용히 즐기는 관조의 운치를 노래한 것이다. 여기에서 주목할 것은 세 사람의 작품이 모두 읊어지고 난 뒤의 상황이다. ①을 지은 이중약(李仲若)과 ②를 지은 곽서(郭嶼) 두 사람이 ③의 시가 읊어지자, 스스로를 부끄러워하며, ③을 지은 김황원(金黃元)에게 무릎을 꿇고 찬탄했다는 고사의 내용이다.

『파한집(破閑集)』에서 이인로가 시사하고 있는 것은 ①과 ②의 작품보다는 ③의 작품이 '보다 가치 있다' '보다 품위 있다'는 것이다. 말하자면 강한 의지나 허장성세보다는 관조적 운치에 높은 가치를 두고 있다는 것이다. 즉 시에 있어서는 강렬한 의지보다 무욕의 시심, 허정의 세계를 지향하는 것이 중요하다는 일면을 강조한 것이다. 이와 같은 시관에 근접하는 작품을 빚는 시인에 등단 60년을 맞은 임강빈 시인이 있다.

1.2 임강빈 시인은 1931년 2월 22일 충남 공주에서 태어나 성장한 후 공주사범대학을 졸업하고 평생 교육자의 길을 걸은 후 정년퇴임하고 시창작에 전념하는 분이다. 1956년 《현대문학》에 시「코스모스」「항아리」「새」가 박두진 시인의 3회 추천 완료로 등단하여, 2016년 현재 등단 60주년을 맞는 원로 시인이다. 시인은 시로만 노래한다는 주관에 따라 '산문을 쓰지 않는 시인'으로도 널리 알려져 있다.

시인은 60년 동안 시집『당신의 손』(1969),『동목(冬木)』(1973),

『매듭을 풀며』(1979), 『등나무 아래에서』(1985), 『조금은 쓸쓸하고 싶다』(1989)『버리고 싶은 날의 반복』(1993), 『버들강아지』(1997), 『버리는 날의 향기』(2000), 『쉽게 시가 쓰여진 날은 불안하다』(2002), 『한 다리로 서 있는 새』(2004), 『집 한 채』(2007), 『이삭줍기』(2010), 『바람, 만지작거리다』(2016)를 발간하였고, 시선집 『초록빛에 기대어』(1995), 『속 초록빛에 기대어』(2015)를 발간하였으며, 6인 시집으로 『청와집(靑蛙集)』6)이 있다.

임강빈 시인은 수준 높은 작품 창작을 인정받아 1966년 충청남도문화상(문학부문), 1989년 제6회 요산문학상, 1994년 제9회 공산교육상(예술부문), 1996년 제1회 대전시인상, 1998년 제13회 상화시인상, 2002년 제1회 정훈문학상 등 대한민국 유수의 문학상을 받으며 한국시문학 발전에 기여하고 있다.

2. 시에 나타난 심재의 과정

예술적 창조와 미적 관조의 바탕이 되는 순수의식, 즉 마음을 깨끗이 비워버린 순수의식이 허(虛)하고 정(靜)한 상태를 허정(虛靜)이라 하고, 이 허정에 이르는 방법을 심재(心齋)라 하는데, 이 심재란 마음을 텅 비게 하는 것이다. 마음을 텅 비우는 일은 근원적인 순수의식에 도달하는 길이다.7)

무욕 또는 허정의 시심을 드러내고 있는 작품은 선시(禪詩)나 한시

---

6) 1971년에 발간한 6인 시집. 한성기 박용래 임강빈 최원규 조남익 홍희표 시인 참여.
7) 김영석, 앞의 논문, 이 논문에서 『장자』의 「인간세」에 인용된 공자와 안회의 대화를 통해 정리.

(漢詩) 또는 시조 등에서 산견된다. 또한 현대시에서도 산견되고 있지만, 이 글에서는 임강빈 시인의 작품을 분석하여 허정의 경지에 이르고자 하는 심재의 과정을 확인하고자 한다. 그는 '비우고자 함'이나 '비운 상태'를 나타내는 '무욕의 시심'을 시종 견지하고 있는 시인이기 때문이다.

    나무들의 편안한 자세
    풀들의 편안한 자세

    바람이
    그 앞을 지나고 있다.

    풀잎이 바람 속에 움직인다.
    나뭇잎이 바람 속에 움직인다.

    이내 균형 잡히는 나뭇잎
    이내 균형 잡히는 풀잎

    여기 와 소리쳐 본다
    불끈 주먹도 쥐어 본다.

    아무도 흐트러 버릴 수 없는
    저 편안한 자세

    들녘을 걸으며
    연습을 한다.

    하나 둘 욕심을
    버리는 연습을 한다.

                             ㅡ 「들녘에서」 전문

일반적인 들의 속성은 생산과 풍요의 상징물이다. 그런 들에서 임강빈 시인은 자신의 시적 원형질이라고 할 수 있는 '비우고자 함'을 형상화하고 있다.

전반부 4연까지는 시인이 들에서 감지한 대상의 객관적 묘사라고 할 수 있다. 여기에서 시인은 바람이 지나는데도 편안한 자세를 견지하고 있는 나무와 풀의 자세에 동화되고 있다. 여기에 나타난 '바람'은 메타퍼에 의해 다양한 의미를 내포하고 있는 것이 확실하다. 전반부의 시를 분석해 보면, 1연의 발단과정에서는 보고 느낀 것을 꾸밈없이 제시하고 있으며, 2연의 발전과정에서는 바람이 등장하며, 3연의 위기 과정에서는 바람에 의해 시인의 심상에도 파문을 일으키고 있다. 4연의 결말과정에서는 위기를 해소한 안도의 여유를 그려내고 있는데, 전체적으로 기승전결의 구조를 취하고 있는데, 이에서 작품 구성의 치밀함을 확인할 수 있다.

이러한 전반부의 설정은 후반부의 주제를 접목시키기 위한 준비단계의 일환이다. 후반부 네 연의 중요내용은 바로 '무욕'과 '허정'을 향한 끊임없는 자아성찰의 시심이다. 5연에 있는 〈여기 와 소리쳐 본다 / 불끈 주먹도 쥐어〉 보는 것은 시인의 내면에 타오르고 있는 불안·분노·갈등·저항·증오 등의 심상으로 보인다. 이처럼 폭발적인 정서가 6연의 상황에 의해 소화되고 있다. 그러기에 7연의 '비우는 연습'과 8연의 '비움'이 도출되는데, 특히 8연의 〈하나 둘 욕심을/ 버리는 연습을 한다〉에서 보여주는 그의 시적 에스프리는 바로 무욕의 시심인 바, 임강빈 시의 중심을 이룬다.

같은 맥락의 작품에 「바람 詩抄」 연작이 있다. 그 중 〈바람 앞에 서고 싶은 날이 있다./ 서럽던 일 모두 데리고/ 바람 앞에 서고 싶은 날이 있다./ 산다는 것/ 사랑한다는 것은 뭐냐/ 가난이란 뭐냐/ 깨끗하다는 것은 또 뭐냐/ 나이 들수록/ 감당하기 힘겹다./ 모두 날리고 싶은 날이 있다.〉 8)에서 시인은 바람을 통하여 세상의 영욕을 날리고자 한다. 즉 바람을 매개체로하여 현존하는 인식의 굴레에서 벗어나고자 한다. 깨끗해지기 위한 매체로 바람을 원용하였듯이 그는 물을 통해서도 순수하게 거듭나고자 하는 시심을 형상화한다.

> 허유(許由)가
> 귀 씻던 물이
> 늙지 않고 있다.
> 비록 버리고
> 갈 것이나
> 꼭 손에 쥐고 싶은
> 충동이
> 돌 사이를 흘러간다.
> 세상일을
> 한 귀로
> 흘려버린다는 것의
> 어려움
> 이제 조금 알 것 같다.
> 이 골짜기 물도
> 여러 풍상
> 삭이는 동안
> 이미 다 알고 있다.
>
> ―「물」 전문

버리고 갈 것이나 꼭 손에 쥐고 싶은 충동, 인간적 욕망을 임강빈 시

---

8) 임강빈 시인의 시 「바람 詩抄14」 일부

인은 흐르는 물을 통하여 극복하고 있다. 일반적 물에서 '허유가 귀 씻던 물'이라는 한정적 의미가 되었을 때, 물이 주는 의미는 오히려 새로운 의미를 생성한다. 허유가 물로 세상의 오욕을 씻어낸 것처럼 시인도 물을 통하여 세상의 오욕에서 벗어나고자 한다. 욕심을 버리는 것이 어렵다는 것을 인지하면서도, 흐르는 물이 여러 풍상 동안 오욕의 갈등을 씻어내듯이, 시인 역시 그런 욕심을 버리는 서정적 매체로 활용한다.

3. 시에 나타난 갈등 상황

임강빈 시인이 세상의 영욕을 버리고 허정의 세계에 이르고자 하는데 있어 걸거침이 되는 부정적 요소는 무엇인가? 그것은 허정의 세계를 향한 심재의 과정에서 부딪치는 내면적 갈등이며, 그 갈등을 유발시키는 현실의 부정적 상황이다.

꺾이지 마라
늘어진 가지야.
全琫準의
혁명처럼 꺾이지 마라.
춥고 어두운 겨울을
견딘 버들아.
봄추위가
아직은 골목에 남아 있지만
맨 먼저 눈 뜨거라.
춤추거라.
뿌리 박은 나의 땅
늘어진 가지야.

바람 따라 서러운 버들아
진정 꺾이지 않는
힘을 보이라.

― 「버들」 전문

이 작품은 다의적 해석을 가능하게 하고 있다. 일차적 의미는 어둡고 추운 겨울을 견딘 버들의 가지에게 꺾이지 말라는 간절한 주문이다. 그러나 이 작품은 '버들'이 언표화된 그 자체에 머무는 것이 아니라 다중적으로 확산적 의미를 띤다.

첫째는 버들을 시인 자신의 내면적 표상으로 인식하는 것이다. 「바람 詩抄」 연작시에서 보여주는 심리적 명암을 버들에 전이시킨 것으로 볼 수 있다. 둘째는 현실에 대한 관심의 표명이다. 특히 '전봉준의 혁명처럼' 꺾이지 말라는 주문은 정치적·경제적·사회적·예술적 갈등이 노정되는 시대에 끝없는 시련과 고난을 '겨울'로 내포하는 것으로 볼 수 있다. 셋째는 민족에 대한 간절한 소망이다. '뿌리박은 나의 땅'에서 맨 먼저 눈을 뜨라는 것, 진정 꺾이지 않는 힘을 보이라는 것은 이육사의 시 「광야」에 나오는 '초인(超人)'과 같은 이미지를 상징적으로 보여 준다. 이와 같은 관점에서 보면, 이 작품은 내면적 갈등과 현실의 부정적 상황을 극복하고자 하는 심회를 진술하고 간절하게 표현하고 있음을 확인하게 한다.

이와 같은 면모를 보여주는 또 다른 작품을 살펴보기로 한다. 〈가지에서/ 가지로 옮겨 앉은 새도 있고/ 다른 나무로/ 아주 바꿔 앉은 새도 있었다./ 끝내는/ 먼 하늘로 가버렸지만/ 그 많은 새 가운데/ 입을 꼭 다문/ 산새 한 마리/ 나를 지켜보고 있었다.〉9) 이 작품에서는 주

---

9) 임강빈 시인의 시 「산새」 일부

체와 대상의 관계를 상대적인 것으로 설정하고 있지만, 주의 깊게 살펴보면 둘의 관계는 동일체가 분명하다. 많은 산새 가운데, 입을 꼭 다물고 있는 산새 한 마리는 바로 '지조 있는 인간'을 상징한다. 앉았던 가지에서 다른 가지로 옮겨 앉거나, 앉았던 나무에서 다른 나무로 옮겨 앉는 새들은 변절을 일삼는 무리들에 대한 준엄한 상징이다. 영욕이 점철된 인간사의 단면을 명징하게 보이는 이 작품은 세상의 야합·변절·배신의 포화 상태에서도 지조 있는 인간이 되고자 하는 자성적(自省的) 염원에 다름 아니다. 이와 같은 의지적 외침이 작품으로 승화되어 나타나기도 한다.

    목청 있어도
    울지 못하는 노래

    날개 있어도
    날지 못하는 날개

    분노를
    삼켜버린 거위의 목청

    슬픔으로
    막힌 거위의 목청

    울고 싶지만
    울음이 되지 않는다.

    날고 싶지만
    날개가 되지 않는다.

    달밤이 좋아

다시 가다듬는 목청
그래도 탁 트이지 않는
거위의 노래

— 「거위의 노래」 전문

이 작품에서 시인은 주체와 대상으로서의 거위를 동일시하고 있다. 울고 싶어도 울지 못하는 노래, 날고 싶어도 날지 못하는 날개를 가진 거위와 시인은 동병상련(同病相憐)의 관계이다. 그러나 시인은 '달밤'에 다시 목청을 가다듬고 있다. 분노·좌절·슬픔을 감내하고 다시금 목청을 가다듬는 것이다. 그러나 '달밤'에 목청을 가다듬는 것은 남에게 보이기 위한 것이 아니고 스스로 다짐하는 연찬의 성격이다. 또한 이러한 연찬은 임강빈 시인이 지향하고 있는 '비우고자 함'의 전경화에 해당한다.

임강빈 시인이 '비우고자 함'을 추구하며, 허정의 세계를 지향하는 것은 동양적 달관과 함께 관조적 자세에 바탕하고 있다. 일부 작품에서 주제가 강조되거나, 특정한 경향이 두드러진 것을 확인할 수는 있지만, 그는 묵묵히 순수 서정을 시로 빚어내고자 한다.

눈보라 속
무수한 내가 있었다.

어디서나
눈은 쌓이고 있었다.

쌓이지 않는
강물이 소리내며 있었다.
길 따라
喪輿가 바삐 가고 있었다.

발자국이
이내 지워지고 있었다.

눈보라 속
무수한 내가 있었다.

미이라처럼
강물은 누워 있었다.

― 「모일(某日)」 전문

　이 작품을 좀 더 구체적으로 분석하면, 주요 소재는 눈보라·강물·상여다. 물론 부분적으로 내·발자국·미이라 등도 있으나 이들은 보조적 소재이다. 서두의 눈보라는 시련과 죽음의 이미지를 내포하고, 여기에 상여가 등장하여 동질적 이미지의 상승효과를 끌어내고 있다. 상여와 관련된 것은 '죽음'이다. 시인은 죽음에 대한 감정을 직접 토로하지 않고, 〈강물이 소리내며 있었다.〉라고 하여 '울음소리'를 연상하게 하고, 〈발자국이 이내 지워지고 있었다.〉라고 담담하게 술회함으로써 인간도 자연의 일부분으로 무화(無化)하는 이치를 형상화한 것이다.
　이 시가 보이고 있는 특이한 사실 중의 하나는 시인의 감정이 냉혹하리만치 객관적이고 관조적이라는 점이다. 눈이 오고, 상여가 가는데도 시인의 감정은 미동도 하지 않는다. 그러함에도 독자들은, 언표화된 것 이상으로, 행간에서 많은 사상과 감정을 읽어낼 수 있다. 결국 임강빈 시인은 스스로 지향하는 허정의 세계로 가는 심재의 과정에 걸거침이 되는 부정적 요소는 지사적 의기로 감내하거나, 자아 연찬을 통하여 극복하고 있으며, 더 나아가 죽음에 대해서까지도 관조적 심상으로 일관하고 있음을 확인할 수 있다.

4. 시에 나타난 허정의 세계

임강빈 시인의 의식 저변에는 내적 갈등과 외적 난관을 극복하고, 잠재적으로 '비우고자 함'이라는 무화(無化) 의식이 내재되어 있다. 채워진 것을 비우고자 하는 시도에 의하여 허정의 상태에 이르고자 하는데, 이와 같은 '비움'에 관한 작품이 심도 깊게 형상화되고 있다.

> 어깨 너머로
> 남의 인생을
> 열심히 구경하다가
> 모두 돌아간
> 빈 무대에
> 비로소 박수를 보낸다.
> 어떤 비유의
> 꽃잎이
> 시나브로 지고 있었다.
> ─ 「구경꾼」 전문

관객은 빈 무대가 아니라, 열연하는 무대에 박수를 보내는 것이 상례인데, 임강빈 시인은 '빈 무대'에 관심을 집중한다. 그가 박수를 보내는 '빈 무대'는 사실 텅 빈 무대가 아니라, 오히려 가득 '채워진 무대'의 역설적 표현으로 보인다. 〈어깨 너머로/ 남의 인생을/ 열심히 구경〉하는 것은, 열연하듯 살아가는 다른 사람의 삶, 그러나 이제는 돌아간[10] 그들의 업적을 생각하면서 박수를 보내기 위한 전경화이다. '모두 돌아간 빈 무대'에 박수를 보내는 것은 바로 열연하던 그들의 업적에 대하여 보내는 찬탄이다. 동고동락하던 사람들[11]이 모두 돌아가고 난 뒤, 시인은 그들을 회상하고 추모하면서 박수를 보낸다. 이는 〈시나브로 지는 꽃잎의 비유〉를 통하여 유추할 수 있다.

'빈 무대에 박수를 보내는 사람' '주인공이 아니고 어깨 너머로 남의 인생을 구경하는 사람'으로서 임강빈 시인은 달관의 시심을 보이고 있다. 그러면서 동시에 자연에의 관조와 시인 스스로의 무소유적 성찰을 보이고 있다.

> 삭정이
> 마른 가지만으로
> 집이 되어 저렇게 시원하다.
>
> 세상에 태어나
> 내가 한 일
> 부끄러울 때가 있다.
>
> 비워 둔
> 까치둥지를 바라보며
> 더욱 그러하다.
> ―「까치집」일부

임강빈 시인은 이 작품에서 시적 대상인 '까치집'과 자신을 비교하는데, 까치집이 보다 긍정적으로 설정되어 있다. '까치집'이기 때문에 우월적 위상에 존재하는 것이 아니라, 비어 있기에 가중치를 부여받은

---

10) 여기서는 관객이 돌아갔다는 의미이지만, '죽은'의 의미로도 확장된다.
11) 여기서의 관객은 예술가들이나 문인들로 보아도 된다.

것이다. 즉 '비어 있음'은 '채워 있음'보다 더 가치 있는 사물이며, 더 의미 있는 실체로 파악하는데, 이런 시적 공간을 형상화한 것은 바로 무욕, 무소유에 의한 허정의 경지에 이른 것에 다름 아니다. 시적 공간에서 허정의 세계를 찾아낸 것이 「까치집」이라면, 내면에서 찾은 허정의 경지를 시적 대상에 대입한 것이 다음의 작품이다.

> 한번은
> 논바닥에
> 고인 물일레.
>
> 거두어 간
> 밑둥에
> 넘치는 물일레.
>
> 서릿바람
> 그 안에도
> 얼지 않는 구름
>
> 진정
> 서러운 것 없이
> 다시 녹는 물일레.
>
> 한번은
> 논바닥에
> 혼자 있는 물일레.
>
> ― 「무제(無題)」 전문

무욕의 시심을 수단으로써가 아니고 목적으로 인식하고 있는 시인의 '자화상'을 그린 작품이다. 시인은 '서릿바람/ 그 안에도/ 얼지 않는 구름'이 되고자 한다. 그래서 그 얼지 않는 구름이 비치는 '논바닥'의 물이 되고자 한다. 그 물은 드넓은 바다도 아니고, 유구한 흐름을 보이는 강물도 아니다. 시냇물도 아니고, 정화수도 아니다. 또한 같은 논의 물이라 하더라도 그 물은 초봄의 볍씨 눈을 틔우는 못자리의 물도 아니고, 여름철에 벼가 자랄 때 자양분으로서의 역할을 하는 물도 아니며, 가을에 알곡이 영그는 때 필요한 물도 아니다. 다만 알곡을 모두 거두어 가고 남은 초겨울의 황량한 상황에서, 벼의 밑둥에만 넘치는 물이다. 그러나 그 물은 진정 서러운 것 없는 물이다. 시인의 지향인 바, 서릿바람에도 얼지 않는 구름을 간직할 수 있다면, 그는 서럽지도 않고, 논바닥에 혼자 있어도 외롭지 않은 것이다. 논바닥에 고인 소량의 물로 만족하는 것이 바로 그의 내면이며, 이러한 작품이 바로 그의 내면적 투영이다.

5. 시인의 지향에 대하여

무엇이 시를 시답게 하는가? 이에 대한 명징(明澄)한 답을 도출하기는 어렵지만, 한 시인의 시적 지향을 분석하면, 그 시인이 갖고 있는 시적 원형질을 찾아낼 수 있다. 이것이 바로 그의 시를 시답게 하는 요소라 할 수 있다. 시세계의 다양성 속에서 대표적 흐름을 찾아 분석하여 정리할 때, 임강빈 시인의 시적 지향은 대체로 '비우고자 함'임을 알 수 있다. 이것은 바로 허정의 경지를 지향하는 것인데, 간단히 정리하면 다음과 같다.

5.1 한국의 전통적 시관(詩觀) 중 비교적 가치 있는 관점은 무욕에의 지향인 바, 특히 허정(虛靜)의 경지를 도에 접근하는 것으로 보고

있기도 하다. 李仁老의 『破閑集』에 있는 시화(詩話)에서 도출된 바에 의하면, 시에 있어서는 강렬한 의지보다 무욕의 시심, 허정의 세계를 지향하는 시심에 무게를 두고 있다.

5.2 예술적 창조와 미적 관조의 바탕이 되는 순수의식을 허정(虛靜)이라 하고, 이 허정에 이르는 방법을 심재(心齋)라 하는바, 임강빈 시인의 작품을 분석하여, 이 심재의 과정을 통한 허정의 세계를 확인하였다.

5.21 임강빈 시인은 '비우고자 함'이나 '비운 상태'를 나타내는 '무욕의 시심'을 시종 견지하고 있다. 바람을 통하여 욕심을 버리고자 하며, 물을 통하여 마음을 씻고자 하는데, 인간적 욕망과 충동에서 벗어나고자 하는 심재의 과정과 동질적이다.

5.22 임강빈 시인이 '버리고자 하는 것'은 허정의 세계에 이르는 데에 걸거침이 되는 것들이다. 이러한 부정적 요소는 허정의 세계를 향한 심재의 과정에서 부딪치는 내면적 갈등과 현실의 부정적 상황이다. 임강빈 시인은 이런 부정적 요소를 지사적 의기로 감내하거나, 자아 연찬을 통하여 극복하고 있으며, 더 나아가 죽음에 대해서까지도 관조적 심상으로 일관하고 있다.

5.23 임강빈 시인은 거의 허정의 경지에 이른 내면을 작품으로 형상화하고 있다. 빈 공간에 박수를 보낸다든가, 빈 까치집에 가치부여를 한다든가, 논바닥에 고인 물과 같이 극미한 사물에 자신을 담는다든가

하는 등의 형상화에서 확인된다. 말하자면 시적 공간에서도 허정의 세계를 찾아내고, 대상인 사물에서도 허정의 속성을 찾아내어 작품화한다.

5.3 시를 시답게 하는 것은 특정 시인의 시적 지향을 분석하고 정리해야 한다. 그 시인이 갖고 있는 대표적 흐름을 통하여, 그 시인의 시적 원형질을 찾아낼 수 있는데, 그 시적 원형질이 바로 그의 시를 시답게 하는 것이다. 다만 그 지향이 얼마나 보편적인가, 얼마나 가치로운가 하는 것이 관건이기 때문에 쉽게 접근할 수 있는 것은 아니나, 임강빈 시인의 시적 지향은 대체로 '비우고자 함'임을 알 수 있는데, 이는 바로 허정의 경지를 지향하는 것이고, 이는 파한집(破閑集)에서 보이고 있는 한국의 전통적 시관과도 합치하는 것이다.

| 又峰 임강빈 시인 연보 |

1931년 2월 22일 공주군 반포면 봉암리에서 부父 임영순任瑛淳, 모母 정순모鄭順謨 사이에 장남으로 태어남.
1936년 8월 13일 어머니 별세, 밖에서 소꿉질하다가 붙잡혀 상복을 입히려고 하는데 성긴 삼베가 무서워 울다가 밤과 대추 유혹에 빠짐. 공주에서 35리인 계룡면 하대리까지 트럭으로 운구, 거기서 다시 상여로 묘소까지 운구, 어린 상주는 장정 등에 업혀 산에 오름. 무남독녀인 딸을 앞세운 외할머니 원에 따라 빤히 바라보이는 앞산에 산소를 씀.
1945년 8월 15일 중학교 2년 여름방학 때 외가에서 일본 패망 소식을 들음.
1950년 4월 27일 공주중학교(현재의 공주중, 공주고 6년을 졸업하고, 그해 6월 1일 공주사범대학 입학.
1950년 6월 25일 6·25사변으로 휴교.
1951년 5월 20일 대학에 복교, 이재복, 이원구 교수 지도로 학내 유일한 서클인 〈시회詩會〉 창립, 이 〈시회詩會〉를 통해 김구용, 정한모, 장서언, 김상억 시인 등과 만남. 서울과 부산을 오가는 길에 학교에 들른 박목월, 서정주 시인들의 강연과 격려를 들음.
1952년 3월 31일 공주사범대학 졸업. 그해 9월 4일 청양중학교 교사 발령.

1956년 3월 1일 공주중학교 교사, 공주에서 첫 시인 탄생했다며 환호. 고궁다방에서 스승과 선후배, 친지들로부터 축하를 받음. 생애 처음 꽃다발을 받음.

1956년 10월 1일 박두진 선생의 추천으로 『현대문학』지에 등단함(추천 작품 「항아리」, 「코스모스」, 「새」).

1957년 3월 1일~1965년 4월 24일 대전신흥중학교, 공주영명중학교, 대전 대성중고등학교 교사로 재직.

1966년 10월 5일 충남문화상 문학부문 수상

1969년 7월 20일 시 추천을 받은 지 13년 만에 첫 시집 『당신의 손』(현대문화사) 출간. 당시 정보원의 감시를 받아 오던 박두진 선생을 은밀히 만나 서문을 받음. 김구용 선생의 제자題字와 발문을 받음.

1971년 7월 26일 충남 추부중학교 교사.

1971년 10월 20일 한국시인협회 간행 현대시인선집 『청와집靑蛙集』(한성기, 박용래, 임강빈, 최원규, 조남익, 홍희표 공저) 발간.

1973년 5월 10일 두 번째 시집 『동목』(농경출판사) 출간.

1974년 3월 1일 대전 충남중학교 교사.

1977년 10월 25일 충남교육연구원 연구사.

1979년 3월 1일 대전 진잠중학교 교감.

1979년 7월 15일 세 번째 시집 『매듭을 풀며』(심상사) 출간.

1983년 9월 1일 대전시교육청 장학사.

1984년 10월 27일 고故 박용래 시비 건립 추진위원장으로 시비 건립(글 임강빈, 글씨 김구용, 구성 최종태).

1985년 3월 31일 대전 용전중학교 교감.

1985년 12월 15일 네 번째 시집 『등나무 아래에서』(문학세계사) 출간.
1988년 3월 1일 대전 도마중학교 교감.
1988년 4월 28일 평생을 서도書道에 전념하시던 부父 별세. 생전生前에 서울과 대전 등지에서 여러 차례 전시회를 가짐.
1989년 9월 15일 다섯 번째 시집 『조금은 쓸쓸하고 싶다』(창작과 비평) 출간.
1989년 11월 16일 요산문학상 수상.
1992년 6월 10일 대전 가수원중학교 교장.
1993년 9월 1일 대전 용전중학교 교장.
1993년 10월 25일 여섯 번째 시집 『버리는 날의 반복』(오늘의문학사) 출간.
1994년 11월 17일 공산교육상(예술부문) 수상.
1995년 11월 20일 시선집 『초록빛에 기대어』(오늘의문학사) 출간.
1996년 2월 23일 대전 용전중학교 정년퇴임. 국어과 2급 교사자격증 덕분에 첫 부임지 청양중학교 교사를 시작으로 충남과 대전의 여러 곳에서 교육에 종사. 평교사, 연구사, 장학사, 교감, 교장 등 교직 생활 40년을 마감함. 기념문집 『채우기와 비우기』(오늘의문학사) 출간.
1997년 10월 22일 일곱 번째 시집 『버들강아지』(오늘의문학사) 출간.
1998년 3월 20일 상화시인상 수상.
2000년 5월 8일 여덟 번째 시집 『비 오는 날의 향기』(문학세계사) 출간.
2002년 10월 15일 아홉 번째 시집 『쉽게 시詩가 쓰여진 날은 불안不安하다』(리토피아) 출간.
20002년 12월 9일 제1회 정훈문학상 수상.

2004년 6월 26일 열 번째 시집 『한 다리로 서 있는 새』(리토피아) 출간.

2007년 6월 14일 열한 번째 시집 『집 한 채』(황금알) 출간.

2010년 2월 16일 열두 번째 시집 『이삭줍기』(동학사) 출간.

2015년 7월 3일 두 번째 시선집 『속續 초록빛에 기대어』(인간과문학사) 출간.

2016년 5월 13일 열세 번째 시집 『바람, 만지작거리다』(오늘의문학사) 출간.

바람, 만지작거리다
임강빈 시집

발 행 일	|	2016년 5월 10일
지 은 이	|	임강빈
발 행 인	|	李憲錫
발 행 처	|	오늘의문학사
출판등록	|	제55호(1993년 6월 23일)
주 소	|	대전광역시 동구 대전로 867번길 52(삼성동 한밭오피스텔 401호)
전화번호	|	(042)624-2980
팩시밀리	|	(042)628-2983
홈페이지	|	http://www.lito77.co.kr(홈페이지)
전자우편	|	hs2980@hanmail.net

공 급 처 | 한국출판협동조합
주문전화 | (070)7119-1741~2
팩시밀리 | (031)944-8234~6

ISBN 978-89-5669-749-9 03810
값 12,000원

ⓒ임강빈, 2016

* 이 책은 ㈜교보문고에서 E-Book(전자책)으로 제작·판매합니다.
* 잘못 제작된 책은 바꾸어 드립니다.

* 이 책은 대전문화재단 | 한국문화예술위원회 에서 사업비
  일부를 지원받았습니다.